Género Fantasía

I0800826

Pregunta esencial
¿Por qué es especial una mascota?

Mi mascota no es como todas

María Furquet
ilustrado por Mónica Gutiérrez

Capítulo I

PARAPAM, TACATÁ

Mi mascota no es como todas. Toca el tambor y la maraca.

Mi mascota toca el tambor y la maraca. Y cuando toca, se pone una casaca. Mi mascota toca y yo bailo el chachachá. ¡Porque me gusta el **PARAPAM** y el **TACATÁ**!

Capítulo 2

¡No tan fuerte!

Mi mascota toca el tambor y la maraca. Pero todas las otras mascotas se alejan... ¡Ponen mala cara y se tapan las orejas!

—¡El **PARAPAM** es muy fuerte! —dice la rana.

—Pero es alegre —dice mi mascota.

—¡El **TACATÁ** es muy alto! —dice el gatito.

—Pero es muy bonito —dice mi mascota.

—¡El **PARAPAM** me arruga! —dice la tortuga.

—¡Pues come compota! —dice mi mascota.

—No tan alto, mascota
—dice la rana.

—No tan fuerte, mascota
—dice el gatito.

—No tan alto, mascota
—dice la tortuga.

—A mí me gusta, mascota
—digo yo.

Capítulo 3
¡Más fuerte!

—¿Tocas la campana? —dice mi mascota.

—¿Es de porcelana? —responde la rana.

La rana toca la campana.
La campana sube y baja.
TALÁN TALÁN.
Mi mascota toca el tambor.
PARAPAM.

—¿Tocas los palitos? —dice mi mascota.

—¡Son muy bonitos! —maúlla el gatito.

El gatito toca los palitos. **TOC TOC.**
Mi mascota toca la maraca. **TACATÁ.**

—¿Tocas la tuba? —dice mi mascota.

—¡Ay, qué suertuda! —saluda la tortuga.

La tortuga toca la tuba. **TUTUU**.
Mi mascota toca el tambor.
PARAPAM.

Ahora las mascotas tocan y tocan. Mi mascota toca el tambor y la maraca. La rana toca la campana. El gatito toca los palitos. La tortuga toca la tuba.

—¡No tan alto! ¡No tan fuerte!
—digo yo.

Respuesta a la lectura

Volver a contar

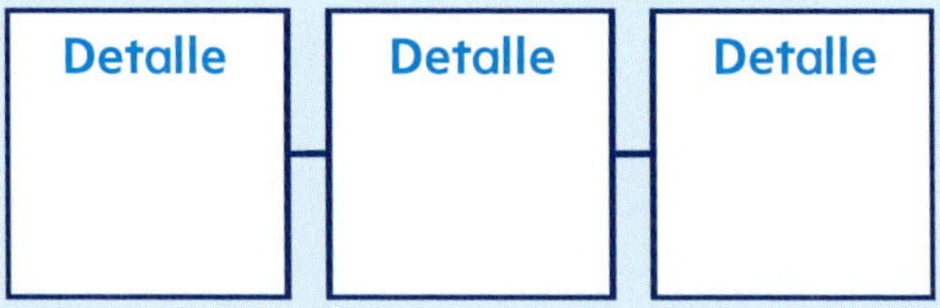

Vuelve a contar los detalles de *Mi mascota no es como todas* con tus propias palabras.

Evidencia en el texto

1. ¿Qué detalles muestran que al comienzo a las mascotas no les gusta el ruido? **Detalles clave: Secuencia**

2. ¿Con qué animal habla la cotorra después de hablar con la rana? **Detalles clave: Secuencia**

3. Di por qué *Mi mascota no es como todas* es fantasía. **Género**

¡Habla, cotorra!

Género No ficción

Compara los textos

Lee para aprender sobre unas mascotas que pueden hablar.

Las cotorras son muy listas. Con tu ayuda, una cotorra puede hablar.

¿Tienes una cotorra? Enséñale a hablar cuando es bebé. Repite palabras cortas, como *pan*. Habla lento y claro. Un día, tu cotorra te hablará.

¿Qué necesita mi cotorra?

La cotorra puede vivir en una jaula grande con una barra o un aro. Come alpiste, pan y galletas. Toma agua de un platito.

Le gusta estar con otras cotorras. Necesita mimos y atención. ¡Esa es tu tarea!

Haz conexiones

¿En qué se diferencian las cotorras reales de la cotorra de *Mi mascota no es como todas*? **El texto y otros textos**

Enfoque:
Ciencias

Propósito Observar qué necesitan las mascotas

Paso a paso

Paso 1 Elige una mascota que tienes o que te gustaría tener.

Paso 2 Haz una tabla como esta.

Mi mascota es
Mi mascota necesita: 1.________ 2.________ 3.________

Paso 3 Completa la tabla con tres cosas que necesita tu mascota.

Conclusión Explica por qué tu mascota necesita las cosas que escribiste en la tabla.